ENTRÜMPELN IN 10 MINUTEN

Mit kleinen Entrümpelungsaktionen
á 10 Minuten
mehr Ordnung schaffen.

INA SOMMER

Alle Ratschläge in diesem Buch wurden von der Autorin sorgfältig erwogen und ausgewählt. Eine Haftung der Autorin für Personen-, Sach- und Vermögensschäden ist daher ausgeschlossen.

Bild auf dem Cover: Fotolia @Picture-Factory

2.Auflage 2017

ISBN-10: 1533508909

ISBN-13: 978-1533508904

INHALTSVERZEICHNIS

KAPITEL 1: WARUM ENTRÜMPELN?

Sammeln als Lebensstil - dafür muss man kein Messie sein. Oft häufen wir einfach Dinge an, weil das in unserer Kultur liegt. Denn Materielles bis hin zu Luxusgütern, zählt bei uns häufig mehr als persönliche Erfahrungen oder Beziehungen. Wenn Dinge glücklich machen, so wird uns eingeredet, dann machen viele Dinge noch glücklicher.

Doch wer ehrlich zu sich selbst ist, wird zugeben müssen: Das stimmt so nicht! Im Lauf der Jahre sammelt sich in jedem Haushalt eine Menge unnötiger Krempel. Einiges davon ist durchaus nützlich, an anderen Dingen hängen persönliche Erinnerungen und damit kostbare Momente.

Bei Vielem aber fragen wir uns manchmal zu Recht, ob wir es wirklich noch brauchen. Eine unglaubliche Vielzahl an Spielzeug, Kleidung, Papierkram und auch Bücher sammelt sich im Handumdrehen an – und wenn nicht komplett überflüssig, dann sind die Dinge zumeist schlecht sortiert.

Was uns vielleicht einmal erfreut hat, kann so zum sprichwörtlichen Albtraum werden - wenn man nämlich an den Punkt kommt, dass diese unnötigen Dinge Ursache für schlechte Gefühle sind. Eine äußere Unordnung spiegelt oft den eigenen inneren Gemütszustand wieder.

Haben wir unser tägliches Leben wirklich immer im Griff? Oder fühlen wir uns teilweise sogar damit überfordert, zu entscheiden, was wir aufheben wollen und was weg kann?

An diesem Punkt müssen wir arbeiten. Denn Entrümpeln heißt nicht nur räumlichen Platz schaffen - es hilft auch, emotionale Blockaden abzubauen und inneres Chaos in den Griff zu bekommen. Es bedeutet darüber hinaus also auch Stressabbau: Stück für Stück gewinnen wir die Kontrolle über das eigene Leben zurück.

Je mehr Platz geschaffen wird, desto mehr Energie haben wir wieder für die wirklich wichtigen Dinge des Lebens. Nicht zuletzt verringert sich das Gefühl, überfordert zu sein und der innere Frieden kehrt wieder ein.

Das neue Selbstvertrauen wird sich positiv bemerkbar machen. Vor allem, wenn wir Schritt für Schritt vorgehen. Denn natürlich ist es nicht einfach, so ein großes Projekt wie das Entrümpeln des eigenen Heims anzugehen - die ganze Wohnung wird auf den Kopf gestellt und neu organisiert.

Wie soll man das schaffen? Vor allem, wenn das alltägliche Leben nicht stehen bleibt und wir auch noch viele andere wichtige Dinge erledigen müssen.

Im Prinzip ist es ganz einfach: Immer langsam und überlegt vorgehen – alles nur in kleinen Schritten bewältigen.

Denn keine Sorge! Sie müssen nicht von heute auf morgen übertrieben penibel und spießig werden. Es muss nicht alles beschriftet, farblich gelabelt oder stundenlang sortiert und entrümpelt werden. Das wäre wohl verrückt und wenn man nicht gerade putzsüchtig ist und über endlose Freizeit verfügt, auch gar nicht zu schaffen.

Aber es ist vor allem gar nicht nötig, um das gewünschte Ziel zu erreichen.

Die richtigen Kompromisse helfen. Verbringen Sie nur ein paar Tage damit, Ihr Zuhause so zu gestalten, wie

Sie es möchten. Und zwar mit der Methode, die für Sie persönlich am besten funktioniert.

Es muss kein komplizierter Prozess sein, sich wieder besser zu fühlen. Auch wenn das Entrümpeln Zeit und Energie in Anspruch nimmt, kann dadurch Stress reduziert und abgebaut werden.

Es reichen jeden Tag 10 Minuten, um sich Schritt für Schritt dem Ziel zu nähern.

Bei dem **täglichen 10-Minuten-System** ist die Kontinuität entscheidend. Planen Sie mindestens 21 Tage, besser noch 30 Tage ein, um eine alltägliche Routine zu entwickeln.

Jeden Tag nur 10 Minuten. Wenn Sie möchten, können Sie natürlich auch gerne mehr Zeit investieren. Oder am Wochenende eine große Entrümpelungsaktion starten, um danach jeden Tag Schritt für Schritt weiter zu machen. Das können und müssen Sie selbst entscheiden.

Die Vorteile dieser Methode sind recht einfach: Es wird vermieden, bereits am Anfang überfordert und entmutigt aufzugeben. Sogar mehr noch: die kleinen täglichen Erfolge können Spaß am Entrümpeln erzeugen! Der Frust hält sich in Grenzen und auch an den hektischen Tagen bleibt eigentlich immer ein wenig Zeit, das Projekt voranzutreiben.

So werden die eigenen vier Wände bald komplett neu organisiert sein. Wir leben wieder leichter, stressfreier, eben glücklicher.

KAPITEL 2: EFFEKTIVER ENTRÜMPELN

Wenn sich während des Entrümpelns immer mehr aussortierte Sachen anhäufen, dann brauchen wir vor allem eines: Platz für ein Zwischenlager. Und zwar in der eigenen Wohnung.

So ein Zwischenlager hat mehrere Vorteile und hilft uns dabei, aus der Entrümpelung eine gut organisierte, erfolgreiche Aktion zu machen. Wer erst sammelt, um dann gezielt zu verteilen, der spart eine Menge kostbare Zeit und Energie.

Ein Zwischenlager kann ein Abstellraum sein oder einfach eine große Kiste. Die Idee dahinter ist, dass in diesem Zwischenlager vorerst die Sachen gesammelt werden, die wir nicht mehr benötigen, aber noch nicht wissen, wohin damit.

Ob diese Sachen später an die Altkleidersammlung gegeben oder zum Sperrmüll gebracht werden, ob zum Flohmarkt oder an interessierte Bekannte: wer will schon mitten in einer Entrümpelungsaktion ständig aus dem Haus, um ein oder zwei Kisten zu dem richtigen Abnehmer zu bringen?

Deshalb ist ein vorläufiges Zwischenlager die ideale Lösung.

Das Lagern in Kisten ist sehr praktisch, aber auch sehr heikel. Auf keinen Fall darf hier vergessen werden, die Kisten zu beschriften! Schon ein paar Tage später und auch bei wenig Krempel kann es durchaus sein, dass wir nicht mehr wissen, was in welcher Kiste ist und für wen der Inhalt gedacht war.

Das Lagern in Kisten hat den großen Vorteil, dass sich ein besserer Überblick ergibt. Sehr praktisch ist das für eventuelle Verkäufe.

An all das kann später ebenfalls strukturierter herangegangen werden, da kein langes Suchen nötig ist.

Im Idealfall aufgrund der Beschriftung, ansonsten auch mit einem raschen Blick auf den Inhalt.

Wo das Zwischenlager sein wird, entscheidet sich mit der Entrümpelungsaktion selbst. Wenn diese in einem großen Raum stattfindet, kann dort eine Ecke freigeräumt werden. Manchmal reicht auch schon ein großer Tisch.

Falls man jedoch nur kleine Räume hat und seine Wohnung komplett neu ordnen möchte, macht sich ein Extraraum besser: der Keller etwa, der Dachboden, die Kammer oder die Garage.

Das Zwischenlager sollte ausschließlich als Auffanglager für aussortierte Dinge dienen. Sonst wird die Sache leicht mühselig und kontraproduktiv, denn schließlich ist ein Raum voller Gerümpel das Letzte, was wir wollen!

Erst am Ende des Projekts, wenn also feststeht, wohin alles soll, wird damit begonnen, die Sachen aus dem Zwischenlager zu schaffen.

Und wenn sich aber nun so viel ansammelt, dass auch dieser Platz nicht ausreicht? Dann hilft alles nichts:

einige Ausflüge sind angesagt, um die ersten Sachen fortzuschaffen. Um Zeit und Energie zu sparen, kann ein Entrümpelungsdienst oder die Müllabfuhr geordert werden.

Nach diesen Überlegungen braucht es nur noch ein paar letzte Vorbereitungen - und dann kann es auch schon losgehen!

KAPITEL 3: FÜNF GRÜNDE, WESHALB SIE BISHER NICHT ENTRÜMPELT HABEN

Mancher fragt sich vielleicht: Wie konnte es so weit kommen? Doch die Gründe für Unordnung und Chaos sind vielfältig und häufig recht persönlich. In den meisten Fällen, lassen sich fünf Hauptgründe benennen:

1.Schuldgefühle

Wer kennt das nicht: Der hässliche Pullover von Oma – in liebevoller Handarbeit gestrickt. Nach fünf Jahren ist er aber immer noch ungetragen. Oder auch die lustige Biermaschine von Onkel Heinz steht noch ungeöffnet im Keller. All das belastet uns, aber wir können es einfach nicht weggeben.

An dieser Stelle müssen wir uns klarmachen, ob die Dinge wirklich eine aktuelle Bedeutung für uns haben. Das Stammbuch der Familie etwa: es ist über hundert Jahre alt, wegwerfen kommt nicht infrage! Der Häschen-Anzug von der heiß geliebten Tante Ulla hingegen kann nach zwanzig Jahren endlich mal weg.

2. Sentimentale Bindungen

Unsere Erinnerung funktioniert aufgrund von Gefühlen. Genau darum fällt es uns schwer, Dinge wegzuwerfen, die man mit der Vergangenheit in Verbindung bringt. Selbst Kisten voller alter Comics können zum Problem werden, weil wir damit Erinnerungen an eine glückliche Zeit verbinden.
Eine Ecke für Andenken im Regal oder in einer Vitrine kann helfen. Ab sofort ist dann dort - und nur dort - der Platz für die wichtigen Erinnerungsstücke.

3. Gebrauchswerte

Was noch gut ist, könnte noch einmal gebraucht werden. Irgendwann. Das Problem ist nur, irgendwann kommt irgendwie nie. Oder doch? Hier bietet es sich an, jeden dieser Gegenstände mit Nutzungsdatum oder jeweiligem Ereignis zu beschriften. Wird es nicht regelmäßig genutzt und befindet sich daher auch nach einem längeren Zeitraum kein Datum oder Ereignis auf dem Gegenstand, weg damit!

4. Vermeintliche Sicherheit

Wer etwas hat, fühlt sich sicher und meint, sein Leben sei komfortabler. Wer ist nicht gerne auf alle Eventualitäten vorbereitet, die da kommen könnten? Vor allem unsichere Menschen neigen zu solchen Gedanken und häufen mehr und mehr Überflüssiges an.

5. Image

Immer wieder passiert uns das: Mit materiellen Dingen versuchen wir, unser Ansehen zu verbessern und damit unser Wohlbefinden und unsere gesamte Lebensqualität zu steigern!

Wenn das eigene Leben sonst kaum etwas beinhaltet, müssen materielle Dinge als Ersatz für echte Selbstachtung herhalten. Hier kann unter Umständen ein guter Psychologe helfen. Sonst kann es immer wieder passieren, dass, „Haben“ mit „Sein“ verwechselt wird.

Was auch immer ursächlich ist – von allem ein bisschen oder ein bestimmter Grund - ist eigentlich egal. Wenn wir diese Mechanismen durchschauen, können wir rationaler und damit erfolgreicher in das Projekt starten.

Denn je standhafter wir sind, desto weniger unnützer Kram wird übrig bleiben.

KAPITEL 4: VORTEILE DER ENTRÜMPELUNG

Betrachten wir das Entrümpeln und Neusortieren als Chance, uns von unnötigem Ballast zu entsagen. Es kann sehr befreiend sein, sich von Überflüssigen Dingen zu trennen. Man gewinnt nicht nur neuen Platz, sondern auch mehr Übersicht und Klarheit.

Es geht beim Ausmisten vor allem auch darum, wieder zu einer innere Ruhe zu finden, wenn man das eigene Heim betritt.

Darüber hinaus gibt es eine Vielzahl von guten Gründen, sich diesem Projekt anzunehmen.

1.Geld sparen

Sie müssen nicht alle Dinge wegwerfen, die Sie nicht mehr benötigen. Oft hat jemand anderes Verwendung dafür. Alte Sachen können im Verkauf viel Geld einbringen.

Die geschaffene Übersichtlichkeit hilft Geld zu sparen. Man gerät nicht in Gefahr, Dinge zu kaufen, die man bereits besitzt.

Oder ist es Ihnen noch nie passiert, dass sie sich eine neue Schere, einen Zollstock oder Batterien gekauft haben, weil Sie diese gerade nicht finden konnten.

Und auch in Zukunft können Sie immer mit Bestimmtheit sagen, was wirklich benötigt wird – das spart zum einen Geld und verhindert zum anderen, wieder an den alten Ausgangspunkt zurückkehren.

2. Der Umwelt Gutes tun

Hier braucht es nicht viele Worte: Wer strukturierter lebt, konsumiert weniger. Wer weniger konsumiert, produziert weniger Müll. Und wer weniger Müll schafft, hilft der Umwelt.

3. Steigerung der Konzentration

Wer im Chaos lebt, den weist sein Gehirn ständig darauf hin, dass er einmal richtig Ordnung schaffen sollte. Das raubt Energie für andere wichtige Aufgaben. Mehr Ordnung schafft also weniger Ablenkung und damit mehr Konzentration auf das Wesentliche.

4. Mehr Zeit

Zwar wird das Projekt einige Zeit in Anspruch nehmen, doch danach geht es aufwärts! Wir haben unser Leben vereinfacht, denn all die überflüssigen Dinge sind verschwunden. Vom Aufräumen bis zum Staubwischen: Alles geht in Zukunft schneller und leichter von der Hand.

Durch das Entrümpeln und neu organisieren, schaffen wir uns quantitativ und qualitativ mehr Freizeit, um entspannen und ausruhen zu können. Der Kopf ist wieder frei für die wichtigen Dinge.

5. Stress reduzieren

Entrümpeln erleichtert, im wörtlichen wie im übertragenen Sinne. Sich von überflüssigem Ballast zu befreien schafft Platz, ermöglicht Ordnung und tut zudem auch der Seele gut. Diese Konzentration auf das Wesentliche lässt sich auch auf andere Bereiche des Lebens übertragen, um Geist und Seele mehr Freiraum zu geben.

Entrümpeln kann neuen Schwung geben und Stress abbauen. Die buddhistischen Mönche kennen diese beruhigende Wirkung schon lange. Sie leben in einer streng geordneten Welt, ohne überflüssige Dinge in großer Harmonie.

6. Anerkennung für Nichtmaterielles

Weniger ist manchmal mehr. Um das zu erkennen, müssen wir immer wieder besinnen, innehalten und nachdenken, um uns auf das zu konzentrieren, was wirklich zählt im Leben. Wenn wir unzählige Dinge besitzen und in einer regelmäßigen Unordnung leben, vergisst man diese Dinge wertzuschätzen.

Zudem schenken wir den materiellen Produkten mehr Zeit und Aufmerksamkeit als den wirklich wichtigen Dingen – wie den Menschen in unserem Umfeld und der Natur. Wenn wir Entrümpeln und neu sortieren, alles auf das Wesentliche reduzieren, erkennen wir auch wieder den Wert und die Bedeutung der Dinge, die wir besitzen.

7. Soziale Kontakte

Wer kennt das nicht: Die Familie oder Freunde haben ihren Besuch angemeldet. Anstatt sich zu freuen, bricht Hektik und Panik aus, denn die Wohnung ist nicht vorzeigbar. Daher vermeiden wir solche Situationen und reduzieren unsere sozialen Kontakte in den eigenen Vier-Wänden.

Nach einer erfolgreichen Entrümpelungsaktion wird sich dies entscheidend ändern. Wenn Sie kontinuierlich daran arbeiten, die entstandene Ordnung beizubehalten, können Sie wieder öfter Leute einladen und auch ein spontaner Überraschungsbesuch verursacht kein ungutes Gefühl mehr.

8. Mehr Produktivität

Ordnung ist das halbe Leben, denn es wird einfacher und produktiver. Dinge finden sich leichter und schneller, es ist Schluss mit dem stundenlangen Suchen! Und schon hat man mehr Energie, die man in sinnvolle Tätigkeiten investieren kann.

9. Größeres Selbstvertrauen

Ein erfolgreiche Entrümpelungsprozess ist ein großer Schritt auf dem Weg zu mehr Selbstvertrauen: Haben wir da nicht etwas Gewaltiges geschafft? Das positive Gefühl, die Dinge im Griff zu haben, bestärkt uns - und nebenbei werden wir ein gutes Stück leistungsfähiger.

10. Disziplin und Kontinuität

Doch die neue Ordnung braucht auch Kraft. Täglich muss ein bisschen dafür getan werden. Das ist durchaus anstrengend und bedarf einer nötigen Disziplin.

Doch wenn wir kontinuierlich und schrittweise vorangehen, dann können wir unsere Ziele erreichen und Ordnung auch auf Dauer halten. Denn Disziplin funktioniert wie ein Muskel: Umso regelmäßiger und intensiver man etwas tut, desto besser funktioniert sie.

Entrümpeln betrifft also vor allem auch die eigene Persönlichkeit. Wenn wir vor großen Veränderungen nicht zurückschrecken und uns eigentlich schon lange einen Neustart wünschen: Worauf warten wir dann noch?

KAPITEL 5: WARUM WIR IMMER WIEDER ETWAS NEUES KAUFEN

Warum eigentlich kaufen wir immer wieder Dinge, die wir gar nicht benötigen? Das kann viele Gründe haben: Einkaufen gibt uns einen Kick, neue Dinge sind immer aufregend und interessant und wir lieben es, mit den neusten Trends zu gehen.

Warum auch immer, aber der materielle Besitz vermittelt Erfolg und Status! Denn es zeigt ganz nebenbei und ohne viele Worte, wie viel wir verdienen.

Doch was ist nach drei Tagen oder einem Monat? Wir schenken den Dingen kaum noch Beachtung. Immer wieder muss etwas Neues her - die Gier ist wie ein Tier, das ständig gefüttert werden will.

Und die Rache ist eine vollgestopfte Wohnung - lauter Dinge, die wir nicht brauchen, die wertlos für uns sind, die im Keller landen oder in einem Schrank.

Oft ist es auch pure Angst - denn was anderes ist dieses Bedürfnis nach materiellem Wohlstand, also nach Sicherheit?

Doch Kaufen kann uns nicht schützen! Wer mehr kauft, gibt mehr Geld aus, das heißt: letztendlich hat man weniger Sicherheit, umso mehr Dinge man um sich anhäuft. Es ist letztlich eine reine Geldverschwendung! Und hier setzen wir an.

Das Entrümpeln hilft auf dem Weg, der vor uns liegt. Denn geht um mehr als Dinge einfach wegzuwerfen. Es bestimmt auch, was in Zukunft wichtiger ist: Materielle oder geistige Werte?

Da es mit dem Entrümpeln nicht getan ist, müssen wir auch unser Denken verändern.

Sonst kann es auch in Zukunft immer wieder zu Fehlkäufen kommen. Wer aber einmal die Freiheit erlebt hat, die mit Verzicht einhergehen kann, der wird leichter umdenken. Mit weniger Dingen leben, heißt weniger Müll - dafür mehr Geld, mehr Zeit und mehr Energie.

Wie auch immer man es anstellt - man sollte streng mit sich sein. Kleine Entscheidungshilfe: Was wir verschenken oder verkaufen, nützt jemand anderem! Nur das Wichtigste behalten, das man unbedingt braucht! Was das Wichtigste ist, entscheidet jeder selbst.

Es kann durchaus sein, dass mehrere Aktionen nötig sind, bis Sie sich an diese neue Art zu leben gewöhnt haben. Denn Loslassen ist immer schwer und das wird hier nicht anders sein. Aber versuchen Sie loszulassen! Wenn der Punkt der Routine erst mal eingetreten ist, fällt es immer leichter. Versprochen.

KAPITEL 6: NEUE GEWOHNHEIT ETABLIEREN

Entrümpeln ist wie Abwaschen - bald schon ist alles wieder wie vorher. Entmutigend, oder? Doch ebenso wie Abwaschen kann man Entrümpeln zur Gewohnheit machen.

Die folgenden sieben Schritte helfen dabei:

1.Entrümpeln als Gewohnheit

Wenn sich jemand mit zu vielen Gedanken, Gefühlen und Handlungen gleichzeitig beschäftigt, verstreuen sinnlos wertvolle Energie.

Wer sich hingegen bewusst fokussiert, hat mehr Chancen auf Erfolg. Das ist bei der Ausbildung einer neuen Gewohnheit besonders wichtig.

2. Entwickeln einer Routine in mind. 21 Tagen

Was bei dem einen länger dauert, geht bei dem anderen fixer – aber gewöhnlich dauert es zwischen 21 und 66 Tagen, bis sich eine Routine einen festen Platz im Alltag erobert hat. Der Durchschnitt liegt bei 21-30 Tagen - also ca. einem Monat.

3. Koppeln mit einer schon vorhandenen Gewohnheit

Motivation kann auch leicht ins Gegenteil umschlagen – nämlich in Demotivation. Gibt es etwas Frustrierendes? Doch Gewohnheiten lassen sich anerziehen, und zwar durch Kopplung. Denn wir alle haben ja schon Gewohnheiten. Hängen wir das Entrümpeln doch einfach dran!

4. Die beste Zeit zum Entrümpeln

Manch einer ackert morgens schon produktiv los, ein andere ist eher der Nachtmensch. Wie auch immer: Ein Trigger ist wichtig, also ein auslösendes Moment, wie etwa das Aufstehen oder Zähneputzen.

Es muss etwas sein, das zur täglichen Routine gehört. Daran koppelt man die Aufräumaktion. Das Wochenende darf ruhig ausfallen, dann aber dauert die Entwicklung der Routine entsprechend länger.

5. Kleine Schritte machen

Wenn das Ziel heißt, täglich zehn Minuten am Stück zu entrümpeln, reicht für den Anfang das „täglich". Ob es nun zehn Minuten sind oder nur drei, spielt keine Rolle. Zu Anfang muss die Routine ausgebildet werden! Zu simpel? Eben darum geht es: Es muss so einfach sein, damit es keinen Grund zum Aussetzen oder für Frustration gibt.

6. Schwierigkeiten einplanen

Natürlich wir eine Langeweile aufkommen, ebenso wie eine gewisse Unsicherheit, was weggeben werden kann oder auch Schuldgefühle. Hier hilft ein Plan B: "Wenn... dann..." Wenn ich es nach dem Aufstehen nicht schaffe, suche ich mir einen anderen Trigger.

Z.B.: Falls ich immer noch Unnötiges kaufe, mache ich mir vor dem nächsten Einkauf eine Einkaufsliste, an die ich mich streng halten werde.

7. Erfolge belohnen

Belohnen macht Spaß und hilft so wesentlich bei der Verankerung neuer Gewohnheiten im Gehirn. Ob Kino oder sich etwas Leckeres gönnen: Wichtig ist nicht, was man tut - sondern das man es tut.

Damit lässt sich leicht eine neue Routine im täglichen Leben installieren.

Aber wie nun konkret weiter? Ein paar Sachen braucht es noch für ein stressfreies Arbeiten:

- Uhr zur Zeitmessung (10 Minuten)
- 6-10 Kartons in unterschiedlicher Größe für die aussortierten Dinge
- Stifte oder Marker
- Post-it Klebezettel
- Klebeetiketten
- stabile Müllsäcke
- Gummihandschuhe
- kleine Stufenleiter
- Reinigungsmittel
- Küchentücher oder Putzlappen

Nun kann es losgehen!

KAPITEL 7 DEN ERSTEN RAUM ENTRÜMPELN

Aller Anfang ist schwer - besonders bei so etwas Ungewohntem. Wo fängt man an? Und macht man erst einen Raum fertig und dann den nächsten, oder geht man systematisch alle Bücherregale durch, dann alle Schränke und so weiter?

Das ist nicht von Bedeutung. In jedem Fall sollte mit den Räumen begonnen werden, in denen man die meiste Zeit verbringt. Denn wenn die fertig sind, sieht man deutlich den Erfolg. Die Entrümpelungsaktion beginnt Spaß zu machen, vermittelt ein gutes Gefühl und die Motivation steigt. Gleichzeitig kommt der eigene Geist zur Ruhe, wenn man sich in diesen Räumen aufhält.

Meistens handelt es sich bei diesen Räumen um Schlafzimmer, Wohnzimmer oder die Küche. Natürlich kann auch spontan entschieden werden oder der Raum gewählt werden, der es am nötigsten hat.

In vielen Ratgebern wird es empfohlen, mit dem Keller oder mit dem Abstellraum anzufangen. Oder mit den Gegenständen aus einer Kategorie, z.B. Bücher, danach CDs/DVDs, danach Schuhe, usw. Ich persönlich halte es nicht für sinnvoll. Ich brauche immer sofort ein Erfolgserlebnis und bin dann motiviert, weiter zu machen. Sie können natürlich selbst entscheiden, welche Vorgehensweise für Sie am besten ist.

Es empfiehlt sich immer nur einen Raum zu bearbeiten ist, denn jeder Raum ist ein Mini-Projekt für sich und das Ergebnis eine Leistung. Etwas, das man geschafft und erfolgreich umgesetzt hat! So fällt es noch leichter, eine tägliche Routine zu entwickeln.

Etwas schwieriger hingegen ist der Versuch, mehrere Räume auf einmal zu bewältigen. Zu leicht verliert man Konzept und Übersicht, Frustration ist stattdessen inklusive.

Hilfreich ist ein Plan, der beim effektiven Entrümpeln hilft. Hier gibt es keine wirklichen Regeln - wichtig ist nur, die Routine zu festigen. Immer entscheidend: jeden Tag ca. 10 Minuten!

Ich habe für Sie zwei Checklisten zusammengestellt, sowohl für 21 Tage als auch für 30 Tage, je nachdem wie lange Sie benötigen, um Ihre neue Gewohnheit zu etablieren. Sie finden die Checklisten am Ende dieses Ratgebers.

KAPITEL 8: BEHALTEN ODER AUSSORTIEREN?

Die Frage klingt ganz einfach, oder? Doch die Realität sieht anders aus. Für jeden einzelnen Gegenstand müssen wir eine Entscheidung treffen - das ist anstrengend und ist leicht überfordernd. Die folgenden Fragen können uns dabei helfen:

1. Verbinde ich mit diesem Gegenstand positive Gefühle?

Auch wenn wir den Gegenstand immer mal wieder brauchen, vermittelt er uns auch wirklich ein gutes Gefühl? Dinge zu benutzen, die wir nicht mögen oder mit denen wir unangenehme Situationen oder Gefühle verbinden, bereitet auf Dauer schlechte Laune. Letztendlich ärgert man sich immer wieder, wenn einem diese Dinge vor die Augen oder in die Hände kommen.

2. Macht dieser Gegenstand mein Leben in irgendeiner Weise leichter, einfacher, angenehmer?

Natürlich brauchen wir in Wahrheit die allerwenigsten Dinge wirklich. Ein Dach über dem Kopf, etwas Geschirr, Nahrungsmittel, etwas zum Anziehen, ein

Bett… Aber wir wollen ja nicht nur überleben, wir wollen ein schönes, glückliches Leben haben.

Deshalb geht die Frage weiter: Brauche ich diesen Gegenstand, um mein Leben nach meinen Vorstellungen zu verwirklichen? Macht dieser Gegenstand mein Leben in irgendeiner Weise einfacher, glücklicher?

3. Benutze ich diesen Gegenstand regelmäßig?

Manche Dinge liegen schon so lange bei uns herum, dass wir uns gar nicht mehr erinnern können, wann wir sie zuletzt wirklich gebraucht haben. Ihr einziger Zweck: Vielleicht brauchen wir sie irgendwann einmal. Man kann ja nie wissen…

Das sind jedoch die schlimmsten Gegenstände. Sie belasten uns am meisten, da sie ihre Berechtigung nur in einer hypothetischen Situation finden, die vermutlich nie eintreten wird.

In diesem Fall könnte eine Regel helfen: Was wir in den letzten sechs bis zwölf Monaten nicht gebraucht haben, kommt weg.

Jede Regel ist ein bisschen willkürlich. Sie können Ihre eigene Regel erstellen. Legen Sie diese Regel am besten schon fest, bevor Sie über einen konkreten Gegenstand nachdenken.

4. Könnte ich den Gegenstand neu kaufen, leihen oder irgendwie neu besorgen, falls ich ihn doch noch einmal brauchen sollte?

Die meisten Gegenstände können wir heute innerhalb eines Tages zu einem geringen Preis erneut kaufen oder von Nachbarn oder Freunden leihen.

Amazon liefert bereits am nächsten Tag, bei eBay, eBay Kleinanzeigen oder Rebuy können viele Sachen gebraucht zu einem Bruchteil des Originalpreises erworben werden.

5. Würde ich den Gegenstand noch einmal kaufen?

Lautet die Antwort Ja, sollten Sie den Gegenstand behalten. Vielleicht hat er einen besonderen emotionalen Wert für Sie oder Sie brauchen den Gegenstand wirklich. Würden Sie ihn nicht noch einmal kaufen, mögen Sie den Gegenstand nicht wirklich oder brauchen ihn nicht unbedingt. Ein Argument mehr dafür, ihn abzugeben.

6. Habe ich den Gegenstand doppelt?

Natürlich macht es durchaus Sinn, mehr als eine Tasse oder einen Kugelschreiber zu besitzen. Aber braucht man unbedingt drei Bügeleisen und zwei Wasserkocher?

Als ich mit dem Entrümpeln angefangen habe, habe ich festgestellt, dass ich viele Gegenstände doppelt oder dreifach hatte. Fragen Sie sich immer, wie viele Gegenstände brauche ich davon wirklich?

7. Würde ich diesen Gegenstand vermissen, wenn er nicht mehr da wäre?

Versuchen Sie, die Dinge positiv zu formulieren. So können Sie überlegen, ob Sie einen Gegenstand aufbewahren möchten.

Eine Antwort fällt hier oft leichter, als die Überlegung, ob man etwas wegwerfen bzw. entsorgen möchte. Schauen Sie einfach, was Ihnen gut tut, welche

Methoden und Techniken bei Ihnen am besten funktionieren.

KAPITEL 9: WENN ES SCHWER FÄLLT, SICH VON DEN SACHEN ZU TRENNEN

Entrümpeln und sich von Dingen zu trennen, ist vor allem für sentimentale Menschen eine große Herausforderung. Die kleinen Fransen des Schals eines Freundes, der mittlerweile am anderen Ende der Welt lebt.

Ein Brief der ersten großen Liebe – seit Jahrzehnten sicher in einer kleinen Kiste aufbewahrt.

Loszulassen, kann eine herzzerreißende Erfahrung sein. Dies gilt in besonderem Maße für Spielzeug, Briefe und andere Dinge, die einen immensen ideellen Wert haben, der sich durch kein Geld ersetzen lässt.

Wir alle haben eine unterschiedliche Ebene der Toleranz. Und weil jeder von uns hin und wieder sentimental ist, tun wir uns alle schwer mit bestimmten Entscheidungen. Allerdings neigen wir dazu, den wesentlichen Kernpunkt des Minimalismus und des Entrümpelns misszuverstehen.

Entrümpeln bedeutet nicht, dass man sich von allem trennen muss. An dieser Stellen ein paar Tipps, um das Entrümpeln auch für sentimentale Menschen, weniger traumatisch zu gestalten.

Teilen macht glücklich

Wenn Sie sich von manchen wertvollen Dingen nicht trennen können, versuchen Sie doch, an Freunden oder Bekannten weiterzugeben. Teilen und Verschenken macht zum einen glücklich, aber entledigt in diesem Fall auch von der schweren Last, etwas komplett entsorgen zu müssen. Zudem wissen Sie Ihren einstigen Schatz in guten Händen.

Wiederverwerten statt Wegwerfen

Seien Sie kreativ. Vielleicht können Sie tatsächlich einige Ihrer geliebten, aber durchaus nutzlosen Gegenstände umfunktionieren und kombinieren, wie zum Beispiel eine Wanduhr als Collage benutzen oder einen alten Bilderrahmen mit unterschiedlichen Erinnerungen befüllen.

Es gibt zahlreiche Methoden, um Dinge wiederzuverwerten und ihn neues Leben einzuhauchen.

Digitalisieren hat Vorteile

Wer kennt es nicht?! Überall fliegen einzelne Fotos herum, Fotoalben türmen sich im Schrank und Bilderrahmen liegen eingestaubt in der Ecke.

Mit den heutigen Technologien, haben wir die Möglichkeit, Bilder und Videos zu verewigen, indem wir sie als digitale Kopien abspeichern.

Digitalisierte Bilder und Videos sind nahezu unverwüstlich und können bei Bedarf beliebig oft reproduziert werden. Das spart nicht nur viel Raum, sondern auch Zeit. Denn so haben ihre gesamten Fotos übersichtlich geordnet und immer griffbereit, vor allem, wenn sie auf einer Festplatte oder in einem Cloud-Dienst gespeichert werden.

KAPITEL 10: KÜCHE

Beginnen Sie die Entrümpelungsaktion in Ihrer Küche, denn Sie ist das Herzstück Ihres Zuhauses. Falsch untergebrachte, störende und überflüssige Dinge rauben Ihnen Zeit und Lebensfreude. Aber gerade hier sollten Sie nicht vergessen: Es geht diesmal nicht um eine intensive Reinigung oder ein neues Sortieren.

Dafür wird später noch Zeit sein. Denn wenn Sie versuchen, alles auf einmal zu erledigen, dass beenden Sie Ihre Mission vielleicht nie. Die Ablenkung ist zu groß, der Umfang zu gewaltig, die nötige Zeit enorm.

Zunächst benötigen Sie lediglich drei Boxen, mit den Aufschriften „Spenden“, „Andere Stelle“ und „Wiederverwerten“, sowie einen großen Müllsack.

Beginnen Sie mit der Arbeitsplatte und entfernen Sie alles, was Sie nicht täglich verwenden. Diese Fläche ist ein Bereich, der für die Zubereitung von Speisen frei sein und steril gehalten werden muss. Einige dekorative Elemente können vielleicht besser an einem anderen Ort platziert werden.

Sobald Sie die Arbeitsplatte vollständig entrümpelt haben, gehen Sie zu den Küchenschränken über. Dabei arbeiten wir uns von oben nach unten und von links nach rechts. Der erste Schrank wird komplett ausgeräumt.

Wenn Sie ein Gerät oder das Geschirr länger als eine Woche nicht genutzt haben, dann kann es an einer anderen Stelle verstaut werden. Nicht weiter drüber nachdenken, einfach in die Box „Andere Stelle“.

Tun Sie dies mit allen Schränken und betrachten Sie die Dinge genau. Was nicht genutzt wird oder kaputt ist - aussortieren. Geschirr mit Rissen oder kleinen Stellen sollte jetzt endlich mal weg.

Denn es ist unhygienisch und gefährlich, nicht nur aufgrund der Verletzungsgefahr - im Innern der Risse sammeln sich Bakterien.

Anschließend wird neu verteilt: Töpfe und Pfannen kommen in die Unterschränke nahe beim Herd. Auch eine Aufhängung an Decke oder Wand ist denkbar oder ein ausziehbarer Einsatz im Unterschrank.

Für die Deckel kann man Zeitschriftenständer zweckentfremden, die an eine Schranktür angebracht werden.

Überhaupt bekommt man viel mehr unter, wenn man die Schränke strukturiert. Kästen, Körbe, Einsätze und Drehregale: So behält man auch einen besseren Überblick, so wie in diesem Beispiel.

Das Einsortieren sollte nach Gruppen und mit System geschehen: alle Messer zusammen, alle Plastikboxen, Kuchenformen und so weiter. Sachen, die man zwar noch behalten möchte, aber nicht oft benötigt, immer nach ganz hinten räumen oder auslagern.

Nur die Dinge, die wirklich genutzt werden, bleiben in Reichweite. Das teure, zerbrechliche Porzellan ist in einer Vitrine besser aufgehoben, als in einem Küchenschrank. Größere Teile vom Geschirr kommen in höher gelegene Bereiche oder können ganz ausgelagert werden.

Geschirr oder Gläser für den täglichen Bedarf sind am besten im Schrank direkt über der Spülmaschine aufgehoben - das erleichtert das Ausräumen ungemein.

Wer kennt nicht dieses chaotische Fach unter der Spüle? Neben dem eigenen Kram noch belagert von Leitungsrohren und Wasserschläuchen. Überaus schwer, hier Ordnung zu halten!

Doch mit den bereits angesprochenen Hilfsmitteln kann es klappen: Körbchen oder Kästen helfen beim Ordnen der Lappen und Reinigungsmittel.

Selbstklebende Haken am Innern der Tür können zum Aufhängen von Gummihandschuhen dienen. Kleine Türregale sind Organisationstalente und halten die häufig verwendeten Dinge immer in Reichweite: Handtücher, Spülmittel, Handseife, auch Schwämme oder Lappen können hier gut gestapelt werden.

Schließlich müssen noch Gefrier- und Kühlschrank entrümpelt werden. Lebensmittel, die seit über einem Jahr eingefroren sind, unbedingt wegwerfen. Auch Gewürze, die in den letzten sechs Monaten nicht verwendet wurden, sollten entsorgt werden, da sie an Geschmack und Intensität verloren haben.

Die Küche ist in der Regel einer der anspruchsvollsten Räume im Haus, daher können Sie jetzt wirklich stolz auf sich sein. Zudem haben Sie sich eine erneute Motivation verschafft, auch die nächsten Zimmer anzugehen.

KAPITEL 11: WOHNZIMMER

Das Wohnzimmer ist üblicher Weise der zweitbeliebteste Ort in unserem Heim. Sollten Sie über ein Esszimmer verfügen, können Sie dies als Teil der Küche oder des Wohnzimmers betrachten.

Beginnen Sie hier wie in der Küche: zunächst den Tisch, dann die Schränke und Schubladen.

Auch für das Wohnzimmer organisieren Sie bitte drei leere Kisten mit derselben Beschriftung wie bereits für die Küche.

Alte Zeitschriften, Zeitungen, DVDs, Filme und Elektronik-Geräte, die nicht mehr verwendet werden, können entsorgt werden. Dekorative Sammlerstücke, die uns nicht wirklich etwas bedeuten, ebenfalls. Bist Du Dir unsicher, packe das Stück in die Kiste „Andere Stelle".

Vielleicht haben Sie sogar zu viele Möbel in Ihrem Wohnzimmer stehen? Zu viele Kissen und Decken? Reflektieren Sie einen Moment darüber, was Sie in der Vergangenheit davon genutzt haben, um sich wohl zu fühlen.

Welche Bedeutung könnten diese Dinge in der Zukunft noch haben? Passen Sie die aktuelle Wohnzimmersituation ihrer Zukunftsversion an. Kommt ein Gegenstand nicht darin vor, kann er entsorgt werden.

Das Wohnzimmer ist der zentrale Treffpunkt aller Mitglieder des Haushalts. Dadurch wird es immer wieder zum kurzzeitigen Deponieren der unterschiedlichsten Dinge missbraucht. Informieren Sie die anderen über Ihre Entrümpelungsaktion und stellen sie sicher, dass keine persönlichen Dinge in dieser Zeit hier abgestellt werden.

Vergessen Sie auch nicht, dass in diesem Bereich der Wohnung alle ein gewisses Mitspracherecht haben. Holen Sie sich ein Okay schon vor dem Entrümpeln.

Entfernen Sie zunächst alle Gegenstände von den Einrichtungsmöbeln. Wie immer bleibt die große Frage: behalten oder nicht? Überlegen Sie wirklich bei jedem einzelnen Stück gründlich. So zeitaufwendig wie das klingt, ist es gar nicht und am Ende bleibt weniger übrig als man denkt.

Denn bleiben Sie weiterhin streng zu sich selbst, alles was ein Jahr oder länger nicht genutzt wurde, kann weg. Auch bei ehemals beliebten DVDs, Zeitschriften oder Kinderbüchern. Gerade bei DVDs lohnt sich eine Digitalisierung, um Platz zu sparen.

Es bietet sich an, all das, was man wirklich aufheben möchte, in eine große Kiste zu packen. Erst nach dem Entrümpeln kommen die Dinge wieder an ihren alten oder auch einen neuen Platz.

Große Bastkörbe geben dem Wohnzimmer Flair und bieten viel Stauraum. Zeitschriftenständer fassen die Magazine der gesamten Woche, eine Kiste für das Spielzeug verhindert Chaos und erleichtert den Zugriff.

Alle diese Organisationselemente helfen uns dabei, auch in Zukunft Ordnung zu halten. Vielleicht finden Sie solche Halter für Fernbedingungen und Kleinkram nützlich: s.Beispiel . Man kann sie selbst nähen oder für wenig Geld z.B. auf Amazon oder Ebay bestellen.

Alle Mitbewohner müssen über das neue Ordnungssystem informiert werden. Und damit Platzprobleme in Zukunft gar nicht erst entstehen, achten Sie beim nächsten Möbelkauf auf ausreichenden Stauraum.

Nach dem Entrümpeln empfiehlt es sich, intensiv zu putzen. Das Verrücken aller Dinge hat sicherlich jede Menge Staub aufgewirbelt. Zudem sind auf einmal Ecken erreichbar, die vorher noch verstellt oder nicht sichtbar waren.

Gehen Sie wie gewohnt vor: zunächst die Oberflächen wischen, dann saugen und auf den elektrischen Geräten den Staub entfernen.

Von Vorteil ist es, jedem Familienmitglied einen persönlichen Bereich im Wohnzimmer zuzuordnen. Wird es dort zu voll, ist es so auch wesentlich leichter, denjenigen darauf hinzuweisen.

KAPITEL 12: SCHLAFZIMMER

Ähnlich wie bei der Küche, ist das Elternschlafzimmer ein umfangreiches Entrümpelungs-Projekt, das mehrere Tage (auch Wochen) von 10-minütigen Einheiten erfordert. Aber die Mühe lohnt sich.

Das Schlafzimmer wird oft unterschätzt, dabei gehört es zu den wichtigsten Zimmern. Ihr Schlafzimmer sollte Ihr persönlicher Zufluchtsort sein, ein Ort, an dem Sie sich wohl fühlen, ausruhen und entspannen können.

Menschen schlafen besser, wenn ihre Zimmer komfortabel und ordentlich sind. Die richtige Ausstattung und eine erfolgreiche Ordnung verhelfen zu einem erholsamen Schlaf, einem intensiven Sexualleben und einem allgemeinen Wohlbefinden.

Doch viele von uns ignorieren dieses Zimmer, weil wir „nur“ darin schlafen. Wir steigen in unserer morgendlichen Routine achtlos und müde aus dem Bett und hinterlassen es in seiner Unordnung. Wir werfen Kleidung kreuz und quer durch Raum, lassen die Wäsche haufenweise liegen und sammeln die unterschiedlichsten nutzlosen Dinge unter dem Bett.

Glücklicherweise haben Sie es selbst in der Hand, dieses Zimmer zurückzuerobern. Nicht nur für einen besseren Schlaf, sondern auch als Rückzugsraum für Entspannung, Privatsphäre, Romantik und Ruhe.

Versuchen Sie sich wieder an ein System zu halten. Bewegen Sie sich von links nach rechts durch den Raum und nehmen Sie jeden Gegenstand genau unter die Lupe. Weder Kleidung (ob sauber oder schmutzig), noch Geschirr, Bücher oder Papiere gehören auf das Bett oder die Kommoden.

Sie können die Gegenstände direkt in die entsprechenden Räume bringen, saubere Kleidung in Schränken und Schubladen verstauen und die schmutzige Wäsche in den entsprechenden Korb deponieren.

Natürlich können Sie auch zunächst alles in einer Kiste verstauen, um sich den Dingen später anzunehmen.

Weitere Tipps:

Haben Sie an einem Tag noch stapelweise saubere Wäsche einzuräumen, planen Sie hierfür die gesamten 10 Minuten ein. Nutzen Sie beim Einsortieren die Möglichkeit, nach Kleidung Ausschau zu halten, die Sie nicht mehr tragen. Entsorgen Sie kaputte Stücke und richten Sie eine Tüte für Kleiderspenden ein.

Wenn Sie wichtige Papiere finden, die zunächst noch sortiert werden müssen, sammeln Sie diese in einer Kiste und bringen Sie sie direkt in das Zimmer, das über einen Schreibtisch oder die nötigen Aktenschränke verfügt.

Trennen Sie sich von alten Zeitschriften. Die meisten können Sie bei Bedarf online abrufen. Sie zu Stapeln bringt nur Unordnung, nimmt Platz und ist unübersichtlich. Die Zeitschiften, die Sie unbedingt behalten möchten, verstauen Sie in passende Ordner und beschriften sie entsprechend. Der Keller oder Dachboden sind die idealen Orte zum Deponieren.

Auch die Stapel von Büchern müssen weichen. Sammeln Sie die wichtigen in einem entsprechenden

Regal. Probieren Sie die digitale Form des Lesens aus, um erneut Platz zu sparen.

Das Bettmachen gehört ab sofort zur morgendlichen Routine und ist schnell erledigt. An dieser Stelle lohnt es sich auch darüber nachzudenken, ob die unzähligen Kissen oder alten Stofftiere wirklich noch nötig sind.

Haben Sie viele Dinge unter dem Bett deponiert? Dann sollte das nächste Projekt sein. Auf einem Haufen Unordnung zu schlafen, fördert nicht das allgemeine Wohlbefinden. Zudem zieht es Staub und Ungeziefer an.

Sollte Ihnen wirklich Platz für Kleidung, Bettwäsche oder andere Dinge fehlen, nutzen Sie den Stauraum unter dem Bett lieber durch praktische Boxen mit Rollen, die alles sicher, ordentlich und steril unterbringen und vor Staub und Milben schützen. Mit einer hübschen Decke, können die Boxen bei Bedarf abgedeckt werden.

Ein bis zwei gerahmte Fotos auf dem Nachttisch oder der Kommode sehen schön aus, aber eine unübersichtliche Vielzahl Bilder wirken unordentlich.

Wählen Sie Ihre Favoriten aus und suchen für die anderen einen dekorativen Platz an der Wand.

Im Schlafzimmer sammeln sich immer wieder kleinere Dinge an, wie z.B. Nagelscheren, Schlüssel oder Münzen. Damit nicht immer alles verstreut umherliegt und am Ende vielleicht noch gesucht werden muss, packen Sie immer alles sofort in eine dekorative Kiste.

Grundsätzlich ist ein Nachttisch mit Schubladen sehr nützlich. Alle Dinge, die Sie während der Nacht brauchen, sind dann in Reichweite (Medikamente, Taschentücher, Brille, die Fernbedienung) ohne unordentlich und sichtbar auf der Tischoberfläche zu liegen.

Sollte Ihr Nachttisch über keine Schubladen verfügen, stellen Sie einen hübschen Korb unter ihren Tisch.

Generell ist es wichtig, dass wir uns immer wieder verinnerlichen, dass weniger manchmal mehr ist. Mehr Gemütlichkeit, mehr Ordnung, mehr Übersichtlichkeit.

Schnell werden Sie bemerken, dass Sie sich schon nach den ersten Entrümpelungsaktionen wesentlich wohler fühlen.

Ein erster Erfolg ist bereits zu sehen: ein Blick in Ihr Schlafzimmer zeigt einen ordentlichen Raum, der zum Wohlfühlen und Ausruhen einlädt.

Nun wird es Zeit sich mit dem Inhalt der einzelnen Schubladen zu beschäftigen. Gehen Sie auch hier wieder nach der gewohnten Methode vor: Arbeiten Sie sich von links nach rechts, räumen Sie alle Schubladen aus und reinigen Sie sie sofort.

Die größte Herausforderung sind zumeist die vollgestopften Fächer mit Unterwäsche, Nachtwäsche, Shirts und Socken. Fangen Sie hier an.

Sollten Sie verheiratet sein oder mit einem Partner zusammenleben, gibt es meist getrennte Fächer und Schubladen. Informieren Sie Ihren Partner unbedingt vor Ihrer Entrümpelungsaktion und holen Sie sich sein Einverständnis, auch seine persönlichen Dinge zu sortieren.

Am besten wäre in diesem Fall ein gemeinschaftliches Vorgehen. Zum einen ist es schwer über die Dinge des anderen zu entscheiden, zum anderen kann eine gemeinsame Entrümpelungsaktion ein spaßiger Event werden.

Trennen Sie sich nun von den Dingen, die Sie zukünftig nicht mehr benötigen. Betrachten Sie jedes Kleidungsstück einzeln.

Ist es bereits alt, zerschlissen und fleckig? Lässt es sich überhaupt mit anderen Teilen kombinieren? Passt es noch oder haben Sie es seit dem Kauf niemals getragen?

Dann ist nun der richtige Moment gekommen, um sich von dem Kleidungsstück zu trennen. Sie werden es garantiert nicht vermissen. Versuchen Sie schnell zu entscheiden und gleich zum nächsten Stück überzugehen – ein langes Nachdenken verklärt die Sicht.

Und wenn dann endlich wieder schön viel Platz vorhanden ist, können Sie mit dem Einsortieren beginnen. Aber bitte mit System! Überlegen Sie, ob Sie nach Farbe oder Nutzen ordnen möchten.

Je nachdem wieviel Platz Ihnen zur Verfügung steht, versuchen Sie ähnliche Dinge an einen gemeinsamen Ort zu packen, z.B. Socken und Unterwäsche oder T-Shirts und Sweater in ein Fach. Je strukturierter der Stauraum, desto mehr passt hinein.

Mehr Tipps zum Thema Ordnung im Kleiderschrank bzw. wie man eine Garderobe zusammenstellt, um für jeden Anlass schnell ein passendes Outfit zu finden, ohne viel Zeit zu verschwenden, finden Sie in meinem Ratgeber „Minimalismus im Kleiderschrank".

Sie haben nun Ihr gesamtes Schlafzimmer entrümpelt. Herzlichen Glückwunsch! Planen Sie nun die nächste 10-Minuten-Einheit für eine gründliche Reinigung ein. Alle Oberflächen sind jetzt frei und gut zugänglich.

Nehmen Sie sich einen Moment Zeit und betrachten Sie Ihr Schlafzimmer in Ruhe. Prüfen Sie, ob Ihnen wirklich alles gefällt. Vielleicht fällt Ihnen doch noch etwas auf, das entfernt werden könnte, um den Gesamteindruck noch harmonischer und beruhigender zu gestalten.

Sobald Sie vollkommen zufrieden sind, machen Sie ein Foto von Ihrem wunderschönen Raum. So haben Sie immer wieder eine Orientierung, wenn Sie mal merken sollten, dass wieder eine gewisse Unordnung das Schlafzimmer beherrscht.

Sie können sich nun beglückwünschen, Sie haben eine makellose Oase der Ruhe und Entspannung geschaffen.

Zudem verleiht das aufgeräumte Zimmer Kraft für das nächste Projekt.

KAPITEL 13: BADEZIMMER

Der am häufigsten verwendete Raum des Hauses ist ein Gemeinschaftsbereich, bei dem es wirklich sehr schwer ist, Ordnung zu halten. Das Badezimmer benötigt eine ganz besondere Aufmerksamkeit, da auch hier, ähnlich wie in der Küche, eine hygienische Sauberkeit extrem wichtig ist.

Doch bevor es an eine große Grundreinigung geht, muss auch das Badezimmer erst einmal entrümpelt werden.

Das eigene Badezimmer in einen gemütlichen Spa-Bereich zu verwandeln ist einfacher, als man denkt. Aber aller Anfang ist schwer. Wo sollen wir anfangen, wenn sich die Schmutzwäsche stapelt und Shampoo, Seife und Zahnbecher wild durcheinander stehen.

Stellen Sie wieder Ihre drei Boxen bereit. Außer ein paar alten Handtüchern, Waschlappen und überflüssigem Dekorationselement, werden Sie hier nicht viel zum Verschenken oder Spenden finden.

Aber denken Sie vielseitig: Hundebesitzer oder auch Tierheime freuen sich immer über große Handtücher. Flecken, kleine Löcher oder Fransen spielen hier keine Rolle.

Prüfen Sie alle Medikament auf ihr Ablaufdatum. Nicht alle Medikamente dürfen Sie jedoch einfach im Hausmüll entsorgen. Besonders verschreibungspflichtige Arzneimittel können Sie in der nächsten Apotheke umweltgerecht entsorgen lassen.

Auch bei den Reinigungsartikeln gibt es Möglichkeiten, Platz zu sparen. Oft können halbleere Flaschen einer bestimmten Art von Reiniger, mit der gleichen Flasche kombiniert werden. Stellen Sie sicher, die Reinigungsbehälter richtig auszuwaschen, bevor Sie sie entsorgen.

Wir beginnen nun mit dem Boden. Räumen Sie alles weg, was dort nicht hingehört. Schmutzwäsche gehört in den Wäschekorb, die Hausschuhe in den Flur und der Bademantel an einen Haken.

Shampoo und Duschgel gehört in die Dusche oder auf den Badewannenrand.

Entfernen Sie den Badvorleger, um diesen einmal gründlich zu Reinigen. Danach wird der Wäscheschrank geordnet. Handelt es sich um ein offenes Regal, dann falten Sie Handtücher und Waschlappen besonders sorgfältig und sortieren Sie nach Größe und Farben. Umso mehr Freiraum Sie schaffen, umso mehr Raum erhalten Sie zum Entspannen.

Räumen Sie alle unnützen Gegenstände vom Waschbecken und reinigen Sie es gründlich. Rasierer und Zahnputzbecher am besten im Spiegelschrank unterbringen. Nur angenehme Dinge wie ein Seifenspender oder ein hübsches Flakon mit dem Lieblingsparfum gehören aufs Waschboard.

Zum Händewaschen eignen sich übrigens Seifenspender besser als Seifenstücke. Sie sind nicht nur hygienischer, sondern sind auch optisch wesentlich schöner.

Vor allem, wenn Sie auf eine dekorative Flasche achten, die sich gut zum Nachfüllen eignet. Oft machen Kleinigkeiten viel aus, wie ein aufhängbarer Organizer in der Dusche für das Shampoo.

Alles Wichtige sollte in Reichweite sein - aber nicht stören oder unordentlich durcheinander stehen.

Ein paar Bücher oder Zeitschriften machen das Bad noch wohnlicher. Finden Sie einen dekorativen Zeitungshalter, der nicht viel Platz nimmt.

Generell geben Regale sowie stapelbare Körbe dem Bad ein offenes Flair und verhindern zusätzlich, dass Flaschen kippen und auslaufen.

So haben Sie sich Stück für Stück ein kleinen Spa-Bereich geschaffen, in dem sich auch Ihre Gäste rundum wohlfühlen werden.

KAPITEL 14: EINIGE TIPPS ZUM SCHLUSS

Wenn Ihr Zuhause entrümpelt, sauber und organisiert ist, werden Sie sich großartig fühlen.

Ein höheres Selbstwertgefühl und der damit verbundene innere Frieden können sich somit auch auf andere Lebensbereiche übertragen.

Nach dem Entrümpeln werden Sie sich einfach gesünder und glücklicher fühlen!

Hier ist eine kleine Übersicht, die helfen kann, um den organisierten Zustand Ihres Zuhauses dauerhaft zu erhalten:

Denken Sie an die wichtigsten Vorteile, die Ihnen ein entrümpeltes, sauberes Zuhause bringt, z.B. den Gewinn an Zeit und Geld und ein friedlicher Lebensmittelpunkt. Schreiben Sie sich diese Vorteile auf, um sich immer daran zu erinnern.

Stellen Sie sich den täglichen Herausforderungen. Bekämpfen und überwinden Sie die Dinge, die Sie zurückhalten, indem Sie sich immer wieder die Vorteile ins Gedächtnis rufen, die Ihnen ein entrümpeltes Leben bietet.

Platzieren Sie Abfalltüten und jeweils 3 Behälter in jedem Raum. Beschriften Sie die Behälter mit „Spenden", „Wiederverwerten" und „Andere Stelle".

Sortieren Sie Ihre Sachen kreativ und systematisch, benutzen Sie Haken und/oder Magnetstreifen hinter Türen, schaffen Sie versteckte Lagerplätze.

Wenn Sie Ihre Sachen neu ordnen, denken Sie in Ruhe darüber nach. Dinge, die sie häufig nutzen, müssen praktisch platziert und schnell erreichbar sein. Selten genutzte Dinge können aus dem Fokus sortiert werden.

Zusammenfassend lässt sich sagen: Es ist für jeden zu schaffen - auch bei vollgepacktem Terminkalender. Denn der Trick, immer nur 10 Minuten zu investieren, funktioniert wirklich!

Zum Abschluss noch drei wichtige Dinge, denn unsere Prämisse ist denkbar einfach. Jeder kann seine Wohnung in 10-Minuten-Projekten entrümpeln.

Natürlich darf es auch länger dauern - wichtig ist nur, an jedem Tag etwas zu tun. Neue Gewohnheiten entstehen nicht von allein.

Regelmäßigkeit ist die oberste Pflicht!

Lesen wir einfach noch mal die entsprechenden Anleitungen zur Entwicklung einer neuen Routine durch. Und vielleicht sogar noch ein zweites Mal.

Einfach so lange, bis wir verinnerlicht haben, wie die neue Routine am besten in unseren ganz persönlichen Tagesablauf integriert werden kann - ohne zu stören, aufzuhalten oder zur Belastung zu werden.

Entrümpeln ist toll!

Es schafft viel positive Energie - kostet aber natürlich auch eine Menge Zeit. Besser, als ständig mit Aussortieren beschäftigt zu sein, ist vor allem Eines: Nur kaufen, was wirklich benötigt wird!

Wichtig ist der Anfang!

Welcher Raum soll zuerst gemacht werden? Dieses Ergebnis wird uns motivieren, das nächste Projekt anzugehen. Denn wer Ergebnisse sieht, kann stolz auf sich sein, ist motiviert und macht umso lieber weiter.

Genauso ist es beim Entrümpeln: Die Fortschritte, die wir sehen, bringen uns voran. Meine Empfehlung darum: Beginnen Sie mit den Zimmern, in denen Sie die meiste Zeit verbringen.

Die letzte Aufgabe, nachdem Sie alles in Ordnung gebracht haben und Ihren neuen Lebensstil in vollen Zügen genießen können, wird es sein, einem systematischen Plan zu folgen.
Stellen Sie sicher, dass das Ergebnis Ihrer harten Arbeit nicht nur von kurzer Dauer ist, sondern Ihre neue Ordnung dauerhaft sein wird.

Weigern Sie sich, Dinge zu behalten, die Sie nicht wirklich brauchen und die keine positive Gefühle in Ihnen hervorrufen

Nutzen Sie die simple aber effektive „Eins-rein/ Eins-raus-Methode: Für z.B. jedes neue Kleidungsstück trennen Sie sich von einem alten. Für jedes neue Buch, muss ein altes weichen … usw.

Machen Sie 1 x jährlich eine "Maxi-Entrümpelungsaktion" und trennen Sie sich erneut von den Dingen, die Sie nicht mehr nutzen.

Stellen Sie feste Regeln für alle Mitbewohner auf, z.B. „Jeder lässt seine persönlichen Sachen in seinen Räumen."

Vermeiden Sie unnötiges Shoppen (kaufen Sie nur, was Sie wirklich wollen / brauchen)

Bitten Sie Freunde und Bekannte, Ihnen statt Geschenken, lieber Gutscheine zu kaufen.

Bearbeiten Sie Post sofort. Recyceln Sie Papier, Umschläge etc. Legen Sie keine "To Do" -Stapel an, die später doch nicht bearbeitet werden.

Leeren Sie Ihren Kühlschrank vor dem Einkauf.

Wenn Sie die entsprechenden Gewohnheiten des Entrümpelns und des Organisierens verinnerlicht haben, werden Sie sich weit weniger gestresst fühlen. Sie haben mehr Energie und das wird Sie produktiver und glücklicher machen.

Wenn dies erreicht ist, werden Sie realisieren, dass sich all die harte Arbeit ausgezahlt hat.

Und wenn wieder einmal eine ungeliebte Arbeit ansteht oder Sie einen stressigen Arbeitstag hinter sich haben, dann können Sie sich sicher sein:

Auf Sie wartet eine Oase, in der Sie sich hinterher entspannen können!

CHECKLISTEN UND VORLAGEN

CHECKLISTE

ENTRÜMPELN: 21-TAGE CHALLENGE

1.FLURSCHRANK/ABLAGE
2.KÜCHENTISCH/ABLAGE/PINWAND
3.KÜHLSCHRANK
4.SCHUBLADEN IN DER KÜCHE
5.SPÜLENSCHRANK
6.KÜCHENSCHRÄNKE
7.VORRATSKAMMER/ABSTELLRAUM
8.ZEITUNGSSTÄNDER/REGAL IM WOHNZIMMER
9.COUCHTISCH
10.CD/DVD SAMMLUNG
11.BÜCHERREGAL
12.KLEIDERSCHRANK IM SCHLAFZIMMER
13.WÄSCHEECKEIM SCHLAFZIMMER
14.NACHTTISCH/REGAL
15.BADUNTERSCHRANK
16.MEDIZINSCHRANK
17.PFLEGEPRODUKTE IM BAD
18.BÜRO/GÄSTEZIMMER/KINDERZIMMER
19.DACHBODEN/KELLER
21.BALKON/TERRASSE

CHECKLISTE

ENTRÜMPELN: 21-TAGE CHALLENGE

1.
2.
3.
4.
5.
6.
7.
8.
9.
10.
11.
12.
13.
14.
15.
16.
17.
18.
19.
21.

CHECKLISTE

ENTRÜMPELN: 30-TAGE CHALLENGE

1.
2.
3.
4.
5.
6.
7.
8.
9.
10.
11.
12.
13.
14.
15.
16.
17.
18.
19.
21.
22.
23.
24.
25.
26.
27.
28.
29.
30.

WOCHENPLAN

GERICHTE UND EINKAUFSLISTE

MONTAG

DIENSTAG

MITTWOCH

DONNERSTAG

FREITAG

SAMSTAG

SONNTAG

EINKAUFSLISTE

PUTZPLAN

MONTAGS

DIENSTAGS

MITTWOCHS

DONNERSTAGS

FREITAGS

SAMSTAGS

SONNTAGS

TÄGLICH

WÖCHENTLICH

MONATLICH

JÄHRLICH

PREISLISTE

ARTIKEL	HÄNDLER	PREIS	PREIS/100 G

DANKE!

Danke, dass Sie den Ratgeber „Entrümpeln in 10 Minuten“ gekauft haben. Ich hoffe der Ratgeber und die kostenlosen Vorlagen haben Ihnen gefallen.

Kein E-Book ist perfekt und ich bin kein professioneller Schriftsteller, deshalb bemühe ich mich sehr, die Qualität meiner Bücher kontinuierlich zu verbessern. Ich versuche konkrete, leicht umsetzbare Tipps und Handlungsempfehlungen zu geben, die hoffentlich auch Ihr Leben ein kleines bisschen vereinfachen.
Sind Ihnen Punkte aufgefallen, die verbessert werden könnten? Dann schicken Sie mir bitte Ihr konstruktives Feedback an: ina.sommer.kdp@gmx.de. Hat Ihnen der Ratgeber gefallen? Wünschen Sie sich noch mehr oder andere PDFs zum Downloaden? Haben Sie Interesse an anderen Themen?
Ich würde mich sehr freuen, wenn Sie eine kurze Rezension schreiben würden, das würde mir helfen, diese Ratgeber zu einem sehr günstigen Preis anzubieten und noch mehr Leute zu erreichen.

Herzlichen Dank!
Ina Sommer

Weitere Ratgeber zu den Themen Haushalt und Ordnung finden Sie auf Amazon unter „Ina Sommer“

Ausschnitt aus dem Ratgeber „Minimalismus im Kleiderschrank“:

Warum ausmisten ohne Plan nichts bringt

Vielleicht kommt auch Dir dieses lästige Problem bekannt vor: Dein Kleiderschrank platzt zwar fast aus allen Nähten, aber Du hast trotzdem nichts zum Anziehen.

Das kann viele Gründe haben. Vielleicht hast Du den Überblick verloren oder kaufst immer wieder Klamotten, die zwar voll im Trend liegen, aber einfach nicht so recht zu Deinem Typ passen wollen.

Was also tun? Einfach ausmisten? In vielen Ratgebern und Büchern, die sich mit mehr Ordnung im Kleiderschrank beschäftigen, wird das radikale Ausmisten in der Tat empfohlen. Davon halte ich wenig.

Denn Ausmisten ohne Plan macht einfach keinen Sinn.

Wer rigoros ausmistet, ohne dabei einen echten Plan zu verfolgen, steht bald schon wieder vor dem gleichen Problem.

Daher greift dieser Ratgeber einen völlig anderen Ansatz auf, damit Du Deinem Traumkleiderschrank voller Lieblingsteile endlich einen bedeutenden Schritt näher kommen kannst.

Wenn wir mal ehrlich zu uns selbst sind, erleben viele Frauen leider viel zu viele Momente der Verzweiflung vor ihrem offenen Kleiderschrank. Bei dem Chaos ist pure Frustration geradezu vorprogrammiert.

Denn gut aussehen sorgt auch für ein gutes Gefühl und wenn der eigene Kleiderschrank genau das nicht hergibt, macht sich eben ein negatives Gefühl breit. Das viele Geld, was Du vielleicht schon für die tollsten Teile ausgegeben hast, war leider vergebens, wenn am Ende nichts so richtig sitzt, Dir nichts zu 100 Prozent zusagt und Du doch wieder nichts zum Anziehen hast.

Mir war diese Problematik leider allzu bekannt, so dass ich mich vor mehr als einem Jahr zum ersten Mal mit dem Thema Minimalismus näher beschäftigt habe. Es hat schon eine Menge Recherche gekostet, bis ich auf

Tipps gestoßen bin, die wirklich alltagstauglich waren und mir zu einer völlig neuen Garderobe verholfen haben, auf die ich nun stolz sein kann.

Minimalismus hat für mich nie bedeutet, dass ich mich schränken musste. Vielmehr habe ich mich von dem unnötigen Ballast in meinem Kleiderschrank befreit und bin jetzt stolze Besitzerin meiner Traumgarderobe. Den Weg, den ich bereits beschritten habe, möchte ich auch mit Dir teilen und dem Frust vorm Kleiderschrank damit ein Ende machen.

Ich hoffe, dass diese kleine Schritt-für-Schritt-Anleitung auch Dein Leben bereichern kann. Du wirst wahrscheinlich erstaunt sein, mit wie wenigen Teilen Du Dir eine neue Garderobe und damit einen völlig neuen Wohlfühllook aufbauen kannst.

Wenn Dich die Ausmistwut dennoch gepackt hat und Du am liebsten sofort mit dem Ausmisten Deines Kleiderschranks beginnen würdest, möchte ich Dich bitten, noch einen Moment zu warten.

Denn Ausmisten ist häufig nicht nur unproduktiv und langweilig, sondern bringt Dich Deinem Traumkleiderschrank auch keinen Schritt näher.

Aus diesen 3 Gründen solltest Du also nicht sofort mit dem Ausmisten Deines Kleiderschranks beginnen:

1. Ausmisten ohne Plan garantiert nicht, dass Du am Ende eine zeitlos elegante, modische Garderobe übrig behältst, in der Du Dich zudem auch noch wohlfühlst und die zu Deinen Lebensumständen passt.

2.Ausmisten ist ganz schön anstrengend und Dir wird die Lust an der Sache wahrscheinlich bald vergehen. Wenn Du dann alle möglichen Teile einfach nur noch wild ausmistest, wirst Du dies später wohlmöglich bereuen. Zum Schluss hast Du dann erst recht keine Lust mehr dazu, Dich um Deine neue Traumgarderobe zu kümmern.

3.Ausmisten kann schlechte Laune machen, wenn Du zum Beispiel feststellst, wie viel Geld Du für Klamotten ausgegeben hast, die Du vielleicht nie oder nur sehr selten getragen hast. Wohlmöglich versuchst Du mit ein wenig Shopping Deine schlechte Laune auszugleichen und stehst dann bald wieder vor dem Problem eines übervollen Kleiderschranks voller Teile, die Du einfach nicht brauchst.

Beim Ausmisten ohne Plan kann man also eigentlich nur verlieren. Denn die Ursachen, die dazu geführt haben, dass man einen übervollen Kleiderschrank hat, kann man durch das bloße Ausmisten noch längst nicht beheben.

Vielmehr stehen die Chancen hoch, dass man auch in Zukunft immer wieder ausmisten muss, wenn man nicht etwas ändert und endlich seine Traumgarderobe zusammenstellt. Genau dabei möchte ich Dir mit einfachen Tipps und schnell umzusetzenden Handlungsschritten sehr gerne behilflich sein!

Disclaimer

Die Inhalte dieses Ratgebers wurden mit größter Sorgfalt erstellt. Für die Richtigkeit, Vollständigkeit und Aktualität der Inhalte können wir jedoch keine Gewähr übernehmen. Dieses Buch enthält Links zu externen Webseiten Dritter, auf deren Inhalte wir keinen Einfluss haben, deshalb können wir auch keine Gewähr übernehmen. Für die Inhalte der verlinkten Seiten ist der jeweilige Anbieter oder Betreiber der Seiten verantwortlich. Die verlinkten Seiten wurden zum Zeitpunkt der Verlinkung auf mögliche Rechtsverstöße überprüft. Rechtswürdige Inhalte waren zum Zeitpunkt der Verlinkung nicht erkennbar. Eine permanente inhaltliche Kontrolle der verlinkten Seiten ist jedoch ohne konkrete Anhaltspunkte einer Rechtsverletzung nicht zumutbar. Bei Bekanntwerden von Rechtsverletzungen werden wir derartige Links umgehend entfernen.

2.Auflage 2017
Bild auf dem Cover: Fotolia @Picture-Factory

Haftungsausschluss

Als Diensteanbieter bin ich gemäß § 7 Abs.1 TMG für die Inhalte in diesem Ratgeber nach den allgemeinen Gesetzen verantwortlich. Nach §§ 8 bis 10 TMG bin ich als Diensteanbieter jedoch nicht verpflichtet, übermittelte oder gespeicherte fremde Informationen zu überwachen oder nach Umständen zu forschen, die auf eine rechtswidrige Tätigkeit hinweisen. Verpflichtungen zur Entfernung oder Sperrung der Nutzung von Informationen nach den allgemeinen Gesetzen bleiben hiervon unberührt. Eine diesbezügliche Haftung ist jedoch erst ab dem Zeitpunkt der Kenntnis einer konkreten Rechtsverletzung möglich. Bei Bekanntwerden von entsprechenden Rechtsverletzungen werden wir diese Inhalte umgehend entfernen.

Urheberrecht
Die erstellten Inhalte in diesem Ratgeber unterliegen dem deutschen Urheberrecht. Die Vervielfältigung, Bearbeitung, Verbreitung und jede Art der Verwertung außerhalb der Grenzen des Urheberrechtes bedürfen der schriftlichen Zustimmung des jeweiligen Autors bzw. Erstellers. Downloads und Kopien dieser Seite sind nur für den privaten, nicht kommerziellen Gebrauch gestattet. Soweit die Inhalte auf dieser Seite nicht vom Betreiber erstellt wurden, werden die Urheberrechte Dritter beachtet. Insbesondere werden Inhalte Dritter als solche gekennzeichnet. Sollten Sie trotzdem auf eine Urheberrechtsverletzung aufmerksam werden, bitte ich um einen entsprechenden Hinweis. Bei Bekanntwerden von Rechtsverletzungen werden wir derartige Inhalte umgehend entfernen.

Quellverweis: http://www.e-recht24.de

17116176R00048

Printed in Poland
by Amazon Fulfillment
Poland Sp. z o.o., Wrocław